_____ 님께

20   년   월   일

지은이 심 현 남 드림

바람은 심술쟁이

2017년 7월 25일 1판 1쇄 인쇄
2017년 7월 30일 1판 1쇄 발행

지 은 이 심 현 남
그 린 이 심 현 남
펴 낸 이 심 혁 창
마 케 팅 정 기 영

펴낸곳 도서출판 한글
서울특별시 서대문구 신촌로 27길 4호
☎ 02) 363-0301 / FAX 02) 362-8635
E-mail : simsazang@hanmail.net
등록 1980. 2. 20 제312-1980-000009

GOD BLESS YOU

정가 12,000원
*
ISBN 97889-7073-535-1-03130

저자 연락처
E-simhn5174@hanmail.net

추억이 있는 동시

바람은 심술쟁이

심 현 남 글/그림

도서출판 한글

3

책을 내면서

동무들아
하늘을 보라 얼마나 높고 푸른지
산위에 올라보라 장엄한 산하(山河)를
들판을 달려보라 끝없는 풍요로움을
하나님이 지으시고 조상들이 가꿔온 땅
복되고 아름다운 우리들의 금수강산.

동무들아
하늘에는 새들이 즐거이 노래하며 날고
산에는 온갖 초목이 무성히 자라나고
들에는 오곡백과 풍성하고 꽃들이 피어나니
동무들아 맘껏 뛰어놀며 배우고 익혀
조국의 역사와 문화 전통을 이어나가자.

마음의 흐름을 형상화해 낸 수작

이 길 연

(문학평론가, 고려대 외래교수)

심현남 시인이 〈바람은 심술쟁이〉라는 시집을 상재한다. 정확히 말해서 '추억이 있는 동시'라는 부제가 수식어로 첨부되어 있다. 그는 오랫동안 동시 한 장르만을 고집해 왔다.

일반적으로 작가의 창작집은 대부분 작가적 상상력에 의존한다. 그러나 작품이 탄생되기까지의 동기나 핵심 키워드는 작가의 체험을 바탕으로 한다. 이 시집의 부제로 사용된 '추억'이란 시어 역시 시인의 체험과 회상에 기인하고 있음은 두말할 나위 없다. 산문과 달리 운문의 경우 자신의 마음결 혹은 마음의 흐름을 형상화해 내고 있다. 동시의 경우 이는 더욱 촘촘하다.

현대시가 난해하다고 불평한다. 동시 역시 녹록치 않다. 어린이를 위한 작품세계를 구상한다는 것은 결코 어린이가 되지 않고는 불가능하다. 심현남 시인은 세월을 역류하고 있다. 그는 어느새 그 옛날 유년시절 어린이가 되어 있다. 지난한 동시의 길을 여전히 마다하지 않고, 옆을 돌아보지 않은 채 묵묵히 걸어가고 있다. 마치 도량의 수제자인 양 동시의 길을 열어가고 있다.

우선 시집명인 〈바람은 심술쟁이〉라는 제목에 시선이 머문다. 왜 바람이 심술쟁이인가. 시인은 어느새 바람이 되어 있다. 어린 시절 개구쟁이로 돌아가 있다. 시인의 시야에 비친 모든 세상과 사물, 타자까지도 그의 유회의 대상이다.

그가 어린이가 되지 않고는 사물과 하나가 되어 유희 놀이를 할 수 없다. 그의 대표작으로 내세운 〈꽃밭〉의 "색동옷 내 동생/ 꽃밭에서 꽃이 되고/ 나비되어" 날아다니고 있다. 시적 화자 역시 꽃이 되고 나비가 되어 작품과 일체가 되고 있다.

이와 같은 현상은 화자 개인을 떠나 가족으로 발전한다. 〈웃음꽃 우리 집〉의 경우 '빨간 지붕 우리 집'은 동생은 물론, 할아버지 할머니, 엄마, 아빠 온 가족이 웃음꽃으로 하나가 된다. 이는 결코 작가의 인위적 행위에 의존하지 않는다. 순수한 삶 자체이다. 사물로 변주된 〈옹달샘〉역시 마찬가지다. 시적 자아는 어느새 사물의 친구인 옹달샘이 되어 길 잃은 동물들의 길 안내자가 된다. 결국 이는 사물을 향한 시인의 따뜻한 시선이 용해되어 있음을 알 수 있다.

팍팍한 현실 가운데 심현남 시인과 같은 따뜻한 선지가가 우리의 곁에 있다는 것이 무척 다행이라 생각한다. 지뢰밭을 건너는 듯한 우리의 세상적인 삶 가운데 항상 상처를 보듬어주는 그의 작품세계야말로 지친 삶을 내려놓고 잠시 쉬어갈 수 있는 유일한 휴식처이다.

오랫동안 오늘을 힘겹게 살아가는 우리 현대인의 삶과 상처를 그의 문학적인 붕대로 감싸주기를 기원한다.

우리 어린이를 위한 아름다운 시를 더욱 많이 써 주시기 바랍니다.

차 례

꽃 밭

우리 집 꽃밭에
노랑나비 노랑꽃에
흰나비 흰 꽃에
꽃 잔치 열렸다
색동옷 내 동생
꽃밭에서 꽃이 되고
나비되어 팔랑팔랑
날아다닌다.

웃음꽃 우리 집

언덕 위에
빨강 지붕 우리 집
도란도란 이야기꽃이 피어요
예쁜 내 동생
오리걸음 뒤뚱뒤뚱
햇살 잡으러 다녀요
할아버지 허허허
할머니 호호호
함박웃음 지으시는 아빠 옆에서
박수치는 엄마 얼굴
웃음이 넘쳐나요
나도 함께 깔깔깔
웃음꽃이 피어요.

잠꾸러기

누가 내 얼굴을
간지럼 태워요
살며시 눈을 뜨니
창가에 찾아온
해님이에요
'잠꾸러기, 아가씨"
놀려댈까 봐
나는 얼굴이 붉어졌어요

창문 열고
밖을 보니
단풍나무 위에 날아온
참새 두 마리
나를 보고
'잠꾸러기, 아가씨'
재잘재잘 놀려대어요
나는 얼굴이 붉어졌어요

옹달샘

깊은 숲속 옹달샘
산새들의 친구예요
목말라 찾아오면
방긋이 웃는 얼굴로
물 한 모금 건네줘요.

깊은 산속 옹달샘
동물들의 길 안내자
길 잃고 찾아오면
맑고 고운 목소리로
길을 일러주어요.

두 바퀴 친구

나란히, 나란히
앞에 서고 뒤에 서고
'하나 둘' '하나 둘'
올라가면 내려오고
내려가면 올라오고
언제나 같이 달려가며
즐겁게 노래하는
자전거 두 바퀴는
사이좋은 친구예요

'영차' '영차'
앞에서 끌어주고
뒤에서 밀어주고
'하나 둘' '하나 둘'
힘차게 발 구르며
동네 언덕길도
신나게 올라가는
자전거 두 바퀴는
정다운 친구예요

춤을 추어요

따뜻한 햇살 아래
갯가 갈대들이 졸고 있으면
솔바람이 살랑살랑 다가와
갈대 잎에 살포시
'사각 사각' 잠을 깨우고
바람결 리듬으로
'한들한들' 춤을 추어요

파란 하늘에
빨간 고추잠자리
갈대 위에 살포시 날아와
'소곤소곤' 귓속 말로
인사를 하고
예쁜 날개 펴고
'너울너울' 춤을 추어요.

가을 그리기

하얀 도화지 위에
그림을 그려요
작고 빨간 단풍잎
작고 노란 은행잎
크레파스로
진하고 곱게 색칠해요
파란 하늘에는
고추잠자리와 목화구름도
그려 넣어요.

꽃 길

학교 가는 길 옆
작은 꽃밭에
연분홍 애기 나팔꽃
곱게 피어
아침햇살 받으며
방긋방긋

집에 오는 길
작은 꽃밭에
봉숭아꽃 분꽃들이
예쁘게 피어
한들한들 바람타고
춤을 추어요.

바람개비

동네 놀이터에
오색빛깔 바람개비
끄덕끄덕 졸고 있다
"바람아, 바람아"
힘차게 불어
신나게 돌려다오

마을 놀이터에
곱고 예쁜 바람개비
힘차게 '뱅글뱅글'
내 동생과 동무들이
마음껏 뛰어놀게
신나게 돌려다오.

풍선

내 동생 손에 묶인
빨간 고무풍선
동생하고 신이 나서
동생은 방긋방긋
풍선은 둥실둥실
즐겁게 걸어간다

내 동생 손에 묶인
빨간 고무풍선
하늘 높이 날고 싶어
묶인 줄 풀고서
손 흔들며 "안녕"
하늘높이 날아간다.

시냇물이 꽁꽁

'씽 씽 씽'
겨울바람 찬바람에
마을 앞 시냇물이
'꽁꽁' 얼었어요
헤엄치며 같이 놀던
송사리 소금쟁이
얼음 속에 갇혀 있어
얼마나 답답할까!

"바람아"
남쪽 봄바람아
빨리 불어와
얼음을 녹여다오
얼음 밑 고기들과
숨바꼭질하게
따뜻한 입김으로
호호 불어다오.

스마일 마크

엄마 얼굴의
초승달 두 눈썹
오뚝한 코
앵두처럼 예쁜 입술
보름달 같은 둥근 얼굴
언제나 스마일
우리 엄마 얼굴은
스마일 마크예요.

딸기

밭 살피
빨갛게 익은
멍석딸기 세 알
한 알 따서 입에 '쏙'
'새콤달콤' 싱그럽게
입 안 가득 퍼진다
또 한 알 따서 입에 '쏙'
……
딸기처럼 여름도
빨갛게 익어간다.

우리 가족 주머니

할아버지 주머니, 담배쌈지 주머니
할머니 주머니, 용돈 주머니
아버지 주머니, 살림 주머니
엄마 주머니, 잔소리 주머니
오빠 주머니, 딱지 주머니
동생 주머니, 심술보 주머니
내 주머니, 예쁜 인형 주머니.

겨울 놀이

신나는 팽이 돌리기
고무줄넘기 놀이
'윙윙'
겨울바람 불어와
손 시려 발 시려
우리들의 손발 얼려
겨울놀이 방해해요

할머니 손은 난로 손
손 시려 발 시려
'호호'
화로에 토닥토닥
꼭꼭 묻어둔
따끈한 군고구마
겨울바람 쫓아내요.

발자국 그림

밤사이
하얀 눈이 내렸어요
마당에도 지붕에도
소복소복 쌓였어요
그림을 그려요
동생 발자국
내 발자국
꼭꼭 찍어서
장미꽃 그리고
꼭꼭 찍어서
달팽이집 그려요.

맹꽁이 합창

'맹꽁맹꽁'
마을 논에서
맹꽁이들 노래한다
작은 웅덩이에서 "맹"
개울 섶에서 "꽁"
윗배미에서 "맹"
아래 배미에서 "꽁"
"맹꽁맹꽁" "맹꽁맹꽁"
맹꽁이들 봄맞이
합창대회 열렸다.

나, 여기 없다

'폴딱폴딱'
떡갈나무 잎 뒤에 숨고
'폴딱폴딱'
물오리나무 뒤에 숨고
아빠개구리 "꽥꽥"
'나, 찾아봐라'
엄마개구리 "꼭꼭"
'나, 여기 없다'
행복한, 청개구리 가족
숨바꼭질한다.

할아버지 팔베개

'쓰르람, 쓰르람'
'맴맴 매-ㅁ'
울안 뒤 곁
복숭아나무에는
매미들이 여름을
즐겁게 노래하고
대청마루에서는
'새근새근'
손자 놈이
할아버지 팔베개하고
달콤한 낮잠을 잔다
뒤 곁 쪽문으로
파란 바람이 지나간다.

내 친구

나 혼자 걸어가면
외로워할까 봐
맘씨 고운 해님이
친구를 보내줬어요
같이 걷고 같이 뛰고
함께 춤추는
나를 꼭 닮은 내 친구

둘이서, 걸어가면
심술쟁이 구름이
시샘이 나서
같이 걷고 같이 뛰는
정다운 내 친구를
구름 속으로
끌어갔어요.

가족 손

찬바람이 '쌩쌩'
손발이 '꽁꽁'
오순도순
할머니 방 화롯불 위에
손들이 모였다

잔주름 보리밭 골
우리 할머니 손
울퉁불퉁
오빠 손
오목조목 동생 손
오동통
예쁜 내 손
정다운 우리 가족 손.

숙제

'엄마'
나, – 아 –
학교 가야 하는데
배가 많이 아파서!
어떻게 하지?
숙제 못한 날.

리본

노란 은행잎
살포시 날아와
장독 위에 앉았다
두 잎 주워서, 예쁜
나비 만들어
내 동생 머리 위에
꽂아 줘야지

빨간 단풍 잎
나풀나풀 날아와
잔디 위에 앉았다
한 잎 주어, 예쁜
꽃 리본 만들어
내 동생 가슴에
달아줘야지.

친구

나무 숲 우거진
작은 웅덩이에
참새 두 마리
날아 와서
물 한 모금 마시고
날개 펴고 '첨벙첨벙'
목욕을 한다
참새 친구도
물 한 모금 마시고
날개 펴고 '첨벙첨벙'
물장구친다.

소풍 날

오늘은 즐거운
소풍 가는 날
짝꿍과 손잡고
나란히 줄을 맞춰
걸어갑니다
선생님은 '하나, 둘'
우리들은 '셋, 넷'
힘차게 구령 맞춰
소풍 갑니다
가로수길 지나고
푸른 잔디밭 지날 땐
'졸졸졸' 시냇물 따라
송사리 떼 헤엄치고
새들이 높이 날며
즐겁게 노래하고
흰 구름도 둥실둥실
우리들을 따라서
소풍 갑니다.

봄

봄, 봄
새봄이 왔어요
파란 싹 돋아나고
꽃 피고 새들 노래해
송사리 물방개 헤엄치는
즐거운 계절이 왔어요

봄, 봄
새봄이 왔어요
산에도 들에도
마을 앞 시냇가에도
우리들 가슴에도
활기찬 희망이 넘쳐나요.

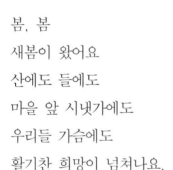

할머니와 잠자리

금빛 햇살 내리는
마당 섶에서
고추 말리는 할머니
하늘 날던 고추잠자리
멍석 위에 내려앉아
고개를 '갸웃갸웃'
'할머니, 숨바꼭질해요'
고추 위에 앉다가
할머니 어깨 위에 앉다가
손등 위에 앉아 보고
재미없어 '홱'
날아갔어요.

학교 길

사립문 밀고 집을 나선다
'살랑살랑'
바둑이 꼬리 흔들고
실개천 돌다리
'하나, 둘' 건너면
놀란 송사리떼 우르르 달아나고
오솔길 풀잎에
은빛 이슬 햇살에 '반짝'
'딸랑딸랑'
몽당연필 장단 맞춰
학교에 간다.

'땡땡땡'
신나는 종례 종소리
'야호, 집에 가는 시간
귀가길 가로수에
아카시아 꽃향기
하늘 가득히 날리고
꽃 한 줌 넣으면
풋풋한 꿀맛향기 입 안 가득
가재 잡고 송사리 쫓을 때
부엉이 '부엉부엉'
어둠이 내린다.

봄나들이

해살 내리는 담장 밑
개나리꽃이 활짝 피었다.
노랑 병아리
엄마 따라 '삐약삐약'
봄나들이 나왔다
엄마 아기병아리
숨바꼭질한다
엄마는 술래

요리 찾고 조리 찾고
모두가 노랑주둥이
모두가 노랑개나리꽃
엄마 닭, '꼬꼬꼬'
'못 찾겠다. 얘들아'
봄나들이 꼬꼬 가족.

집들이

흰 눈이 소복이 쌓인
사랑채 지붕 처마 밑에
참새 부부가 이사 왔어요
이웃집 참새들이
모두 몰려와
'짹짹짹' '짹짹짹'
반나절이 지나도록
문지방이 다 닳도록
들락거려요
아마
집들이 하나 봐요!

숲속의 아침

밤새도록
'추적추적'
비 오는 소리
잠 설친 밤
눈꺼풀 비벼 세우며
베란다 문을 연다
우뚝 솟은 소나무들
위엄 있게
버티고 섰다.

나무 숲 사이에서
이름 모를 새들의
맑은 노래 소리
"쪼로롱, 쪼로롱'
앞산, 뒷산에서
"뻐꾹 뻐-뻐꾹'
햇살이 숲으로 찾아들면
아침이 활짝 열리는
상쾌한 숲속의 아침.

꽃밭

동네 언덕길에
꽃밭이 생겼어요
해바라기 활짝 피어
환하게 웃고
분꽃도 곱게 피어
아침마다 '뚜— 뚜뚜'
나팔 불어요
담장 벽 그림 꽃밭
동네 골목길이
아름다워요.

월사금

"엄마,"
선생님이, 내일 !
부모님 모시고 오래요!
어떻게 하죠?
외할머니가 돌아가셔서
외할머니 댁에 갔다고 해라
이번에는 외할머니요?
아이 참!

파리

할아버지 주무시는
콧등 위에 '살짝'
파리 한 마리 앉았다
코가 벌름벌름
파리가 쫓겨났다

'윙윙'
다시 날아와
할아버지 입술 위에 앉았다
입술을 '옴죽옴죽'
파리 뒷다리가
입술에 잡혔다.

요술 천사

밤사이
창문 앞 꽃밭에
천사가 내려와
빨간 이슬 뿌려
빨간 꽃 피워놓고
노란 이슬 뿌려서
노란 꽃잎 피웠어요
천사는
요술 천사.

아버지 등

아버지 등에 업혀
외갓집에 갈 때, 성황당
긴 고갯길 오르고 내려서
시냇물 돌다리 건너고
논두렁 좁은 길 지나면
마당 섶에 대추나무 두 그루
송이버섯 초가지붕이
외할머니 집이다
엄마는 머리에 봇짐 이고
저만치 뒤처져 오셨다
그때 아버지 등은
참 넓고 따뜻했다.

별 사탕 꽃

집 앞 작은 화단
작고 하얀 꽃 한 송이
'너 이름이 뭐니?'
지난 밤
달빛 타고 내려왔나
부끄러워 숨어 핀
작은 꽃아, 너는
별 사탕처럼 작고 예쁘니
네 이름은
별 사탕 꽃.

바람은 심술쟁이

하늘 높이 날던
고추잠자리
날개 쉬어 가려고
갈대 잎에 앉는데
개울 섶
자나던 바람이
갈대 잎 흔들어
심술부려요

꽃 찾아 산 넘어
날아온 호랑나비
들국화 꽃잎에
꿀 찾아 앉는데
들녘을
지나던 바람이
꽃가지 흔들어
심술 부려요.

정상을 향해

높다란 담 벽을
담쟁이가 오른다
팔 길게 뻗어 벽을 꼭 잡고
비바람에도 굴하지 않고
내일의 꿈을 향하여
정상을 힘차게 오른다

서로 손을 맞잡고
희망의 세상을 꿈꾸면서
미래의 넓은 세계를 향해
파란 창공을 바라보며
뜨거운 태양의 열기 속에도
결국은 정상을 힘차게 오른다.

작은 연못

밤사이 작은 연못
풀잎에 내린 이슬방울
아침 햇살 피어오르면
하얀 얼굴 부끄러워
물속으로 '퐁당'
동그라미 그리며
뛰어내린다

동그라미는 잔물결
건너편까지 퍼져나가
송사리들 잠깨어
물 위로 얼굴 '쏙, 쏙'
소금쟁이 물방개도
눈 비비며 깨어나는
연못의 아침.

강낭콩

할머니가 이른 봄에
울밑에 심어 놓은
강낭콩 씨앗들
어느 날 아침
파란 얼굴 쏙 내밀고
예쁘게 돋아났어요

잘 자라라 새싹들아
물주며 '토닥토닥'
예쁜 보랏빛 꽃들
주렁주렁 열리거라
우리 할머니 맛있는
강낭콩 밥해 드리게.

호박 형제

보리 이삭 익어 가는
여름 날 울타리에
호박꽃 두 송이
벌, 나비
온 종일 들락날락

어느 날
꽃잎 떨어지고
아기 호박 형제
큰 배꼽 내놓고
벌거숭이로 달려 있다

추억 캐기

금빛 햇살 내리는
봄날 오후, 공원 연못가
버드나무 아래서
나물 캐는 할머니
세월 속에 묻어둔
무지개 색동저고리
옥색 고운 치마
파란 어린 시절
추억 캐는 할머니.

봉사하는 나무

봄마다 꽃 피어
꽃동산 만들고

여름마다 푸른 잎으로
새들의 놀이터 만들고

가을이면 맛있는
열매 열어 먹여주고

죽어서도,
뿌리를 드러내어
조각 작품 되어서
새들과 우리에게
놀이터 되어 기쁨 주는
공원 나무들.

가랑비

작년의 가랑비
올 봄에도 찾아와
채송화 봉숭아
까만 눈 잠 깨워서
새싹 눈 뜨게 해요

지난해 솔바람
올 봄에도 찾아와
진달래 목련꽃
꽃눈 잠 깨워서
꽃들을 피워요.

무엇을 닮나?

마음이 예쁘면
얼굴도 예쁘고
마음이 고우면
목소리도 곱고
마음이 바르면
행동도 바르고
마음이 밝으면
표정도 밝아요

내 모습은
내 마음을 닮았어요.

정말 예쁘겠네

좁다란 길가에
노랑 저고리
곱게 입은 민들레
언덕 길섶에
보랏빛 치마
곱게 입은 제비꽃
노랑 저고리
보라색 치마
내 동생 입고
아장아장 걸어가면
정말 예쁘겠네.

꽃씨

따뜻한 봄날
작은 꽃밭에
꽃씨를 심었어요.
언니는 해바라기 씨앗을
나는 나팔꽃 씨앗을
나란히 심었어요
튼튼히 자라라
토닥토닥 흙을 돋아주고
솔솔 물도 뿌려주고

어느 날
파란 싹이 돋아났어요
쑥쑥 자라라
푸른 하늘을 향해
활짝 꽃피어라
해바라기 꽃들아
둥근 얼굴 언니처럼
나팔꽃들아
예쁜 내 얼굴처럼……

담쟁이 화가

넓고 높은 담벼락에
그림을 그려나간다
물기도 사다리도 없이
따가운 태양이 비쳐도
거센 바람이 불어도
낮이나 밤이나
서두르지 않고
그림을 그려나간다

작고 예쁜 연두색
잎을 그리고
따뜻한 태양빛에서
초록색 물감을 따다가
잎마다 초록색으로
색칠을 한다
끝내는
넓고 높은 담벼락을
담쟁이 그림으로
가득 채운다.

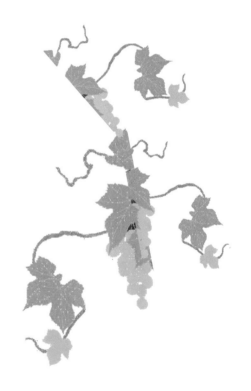

단풍나무

공원 잔디밭 양지쪽에
빨간 잎 애기 단풍나무
빨간색이 좋아서
빨간 물만 먹나 보다
잎도 가지도,
모두 빨가니까!

공원 의자 옆 잔디밭에
초록 잎 큰 단풍나무
초록색이 좋아서
초록색 물만 먹나 보다
잎도 가지도,
모두 초록색.

고 향

나의 고향 마을
초가지붕에 눈 녹아내리고
갯가 버들강아지,
토실토실 피어나면
송사리 물방개 헤엄치고
앞 뒷산 꾀꼬리, 뻐꾹새
분주히 날겠네

그리운 고향 들녘
길섶 민들레 제비꽃에
벌, 나비 분주히 날고
마당 섶 앵두꽃 봉오리 부풀면
나물 캐는 처녀들은
총각들 풀피리 소리에,
풋 가슴 설레겠네.

누나 생각

사립문 밀고 집을 나서면
길섶 풀잎에 이슬방울
아침 햇살, 보석처럼 빛난다
돌다리 건널 때
송사리떼
놀라 달아나고
학교 길 양편에
아카시아 활짝 피어
향기가 가득하다.

아카시아 꽃 피는
유월이 되면
수줍은 빨간 얼굴에
꽃 족두리 쓰고
양 볼에 연지곤지 찍고
아카시아 꽃버선에
꽃가마 타고
건너 마을 시집가던
누나가 생각난다.

꽃밭

아침 꽃밭에 나가면
꽃들은 이슬로 세수하고
빨갛게 노랗게 곱게 단장하고
싱그러운 얼굴로
활짝 웃으며 인사해요

오후 꽃밭에 나가면
모두들 찌푸린 얼굴로
고개 숙이고 지쳐 있어요
'왜 그러니, 예쁜 꽃들아?'
물주며 위로해요.

꽃 가족

작은 창문 앞, 꽃밭에는
빨강 노랑 파랑 흰색
온갖 색깔의 예쁜 꽃들이
이마를 맞대고 활짝 폈어요

할아버지 꽃 할머니 꽃
아빠 꽃 엄마 꽃 그리고
오빠, 귀여운 동생 꽃
온 가족 꽃들이 모였어요

손등에 잔주름 할머니가
아침에 물주고 살펴주신
할머니의 꽃 사랑은
꽃처럼 고우셔요.

눈 도화지

밤사이 세상이
하얀 도화지가 되었어요
도화지 위에 우리 가족
얼굴을 그려요
할아버지 얼굴은
긴 수염에 돋보기안경
할머니 얼굴은
호호호 이마에 고운 잔주름
아버지 얼굴은
허허허 너털웃음
엄마의 얼굴은
양 볼의 보조개
개구쟁이 내 동생은
심술보 얼굴
내 얼굴은 예쁘게
행복한 우리 가족 얼굴들
눈 도화지에 그려요.

크레파스

손끝이 살짝 닿으면
'쨍' 하고
깨질 것 같은, 가을 하늘
은행 잎 노란 물감이
단풍 잎 빨간 물감이
'뚝뚝' 떨어질 것 같다

크레파스로
은행잎 그리고
단풍잎 그리고
칠하고 또 칠해도
예쁜 빛깔이 안 나서
나는 울어버렸어요.

부모님 사랑은

만약에!
부모님이 주시는
사랑이 보인다면!
제일 먼저
오빠가 가져가고
다음은 언니가 가져가고
또 욕심쟁이
내 동생이 가져가면
내 몫은 얼마나 남을까?
아! 그래서 부모님 사랑은
끝이 없이 많아도
보이지 않나 보다.

화가

가을은
크레파스도 없이
살며시 와서는
산과들을 온통
무지개 색으로
색칠을 한다
들녘엔 노랗게
과수원은 빨갛게
하늘엔
구름 한 점 띄우고
빨간 고추잠자리 날린다.

징검다리와 삼대(三代)

마을 앞 냇가
징검다리 건널 때
할아버지가,
아버지 업고 건너면서
'하나'
또 하나 건너뛰며
'둘, '셋' 세며
건넌 다리

지금은 아버지가
나를 등에 업고
'하나'
또 하나 건너뛰며
'둘, '셋'
세며 건넌다.

나도 아버지가 되어
내 아이를 업고
돌 하나 건너뛰며
'하나'
또 하나 건너뛰며
'둘, '셋' 세며
건너리라
할아버지, 아버지처럼.

보고 싶은 아버지

아버지!
보고 싶습니다
너무나 그립습니다
별나라에 가셨나요
달나라에 가셨나요
무지개 꽃마차 타고
어디로 가셨나요?
꿈에라도 만날까
잠들어 봅니다.

아버지!
어제 밤 꿈속에서
아버지를 만났어요
환한 미소로
내 머리를 쓰다듬어주시고
'찡긋' 눈웃음도 보이셨어요
보고 싶은 아버지!
내 맘에 항상 계신
아버지, 사랑합니다.

나비

봄에는
연둣빛 고운 날개
나붓나붓 춤추고

여름엔
초록빛 힘찬 날개
팔랑팔랑 춤추고

가을엔
황금빛 노랑 날개
너울너울 춤추며
하늘 높이 훨훨
여행 떠나요.

꽃씨의 꿈

작은 꽃씨가
하얀 눈 이불 덮고
소록소록 잠잔다
내년 봄엔 연분홍
나팔꽃 되어
아침 햇살 비추면
'뚜뚜 따따' 신나게
나팔 불어야지
'아니야, 봄 길에
노란 민들레꽃 피어
'아장아장'
예쁜 아가 봄맞이 길
방긋방긋 웃어줘야지.

파란 운동화

처음 신어 보는
구호품 파란 운동화
신어 보고 또 신어 보고
자다가도 만져 보고
동무들에 자랑하고 싶어
보는 앞에선 신고 다니고
혼자 걸을 땐
벗어서 들고 걷고
바닥 뚫린 검정고무신이
툇마루 밑에서
시무룩 지켜보고 있다.

가을 따기

주홍빛 가을이
광주리 가득 담겼다
울 뒤 감나무 한 그루
주렁주렁 열렸다
찬 서리 내려
잎 다 떨어지고
눈발이 날리던 날
할아버지가 장대로
까치밥 몇 개 남겨놓고
광주리 가득 따셨다
앞집 옆집 나눠 주시고
둘러앉아 잔치가 열렸다
아버지가 태어나시던 날
할아버지가, 심으셨다는 감나무
해마다 주홍빛 가득한
가을을 딴다.

단짝 내 친구

거울 속의 내 친구
내가 웃으면
친구도 웃어주고
내가 찡그리면
친구도 찡그리고
내가 춤추면
친구도 따라 추고
거울 속 내 친구
세상에 둘도 없는
단짝 내 친구.

사랑의 주인

하나님 사랑은 끝이 없어요
하나님은
생명의 원천
행복의 이상
평화의 상징
세상의 모든 것이
하나님이 주신 선물
태양보다 따뜻한
사랑의 주인.

하나님의 선물

푸른 하늘 고운 햇살
봄, 여름, 가을,
그리고 겨울의 사계절
하늘 위에 떠다니는
꽃송이 흰 구름
들에 피어 오르는
아롱다롱 아지랑이
하늘을 높게 날아
노래하는 귀여운 새들
꽃잎에 날아드는 벌, 나비들
맑은 냇물 속에서
헤엄치는 고기떼
모두가 하나님의 선물.

봄노래

'랄라 랄라'
새봄이 왔어요
산에도 들에도 마을 앞 냇가에도
울긋불긋 꽃들이 피어나고
나비들은 쌍쌍이 꽃밭에 날고
하늘에는 뭉게구름 둥실 떠가는
우리 마을에 새봄이 왔어요

랄라 랄라 랄라 랄라
햇살은 대지 위에 가득 내리고
산과 들에 초록빛이 가득하고
갯가엔 맑은 물 잔잔히 흐르고
꾀꼬리 짝지어 노래하며 날고
문전옥답 잔물결 넘실거리고
우리 강산에 새봄이 왔어요.

앵두

봄 편지
임 소식에
수줍어 숨었나!
장독 뒤 숨어 핀
하얀 앵두꽃
임 오셔 머문 자리
시집가던 날
누나의 양 볼처럼
빨갛게 익은
앵두.

유혹쟁이

봄은
아장아장 아가들을
민들레 들길로 부르고
댕기머리 누나들을
달래 냉이 들길로 부르고
개구쟁이 오빠들을
진달래 꽃동산으로 부르고
해 가는 줄 모르도록
배고픈 줄 모르도록
들로 산으로 끌고 다니는
짓궂은 유혹 쟁이.

전신주 아저씨

동네 골목에
전화선 붙잡고 온종일 서 있는
전신주 아저씨
전화선 따라
오고가는, 기쁜 소식
오고가는, 슬픈 소식
오고가는 비밀 이야기
다 들으면서도
못 들은 척
아무에게도
말하지 않는
의리 있는 착한
전신주 아저씨.

할머니 말씀

할머니 말씀에!
내가
하나님을 닮았대요
반짝이는 두 눈
오뚝한 코
사과 같은 두 뺨
앵두 같은 입술
보름달 같은 둥근 얼굴
모두가
하나님 닮았대요
할머니 말씀에.

한글 공부

기러기 떼
북쪽으로 날아간다
ㄱ자 쓰며 '기억 기억'
ㅅ자 쓰며 '시옷 시옷'
앞서거니 뒤서거니
하늘에 글자를 쓰며
큰소리로
읽어으며 날아간다
내년에 다시 올 때
보리이삭 벼이삭, 모이 주는
고마운 사람들한테
"고맙습니다" 인사하려고
한글 공부하면서 날아간다.

다문화 가족

옥수수 밭에 엄마들이
모두
아기들을 업고 있다
하얀 머리 아기
빨간 머리 아기
파란 머리 아기들
바람이 불어오면
두 팔을 벌려서
'덩실덩실' 춤도 춰주고
'사스락' '사스락' 노래해 주고
아마도
옥수수밭 가족은!
다문화 가족인가 보다.

친구 사이

'씽 씽 씽'
팽이가 돈다
'착 착 착' 채찍을 맞아도
'씽 씽 씽' 노래하며 돈다
아프지도 않은가 보다!
노래하며 돌게! 그래도
우리 사이
때려야 신이 나고
맞아야 재미있는
너와 나는 친구다
'착 착 착' '씽 씽 씽'
사이좋은 친구 사이

감자 캐기

감자밭에 가면
알 수 있어요
흰 감자인지
자주 감자인지
흰색 꽃 핀 감자는
흰 감자
보라색 꽃 핀 감자는
캐보나마나
보라색 감자
엄마가 만들어주신
감자범벅은 정말
맛이 있어요.

항상 어린이

할머니께서는
아버지가
회사에 출근하실 때
'차 조심해라' 하신다.
엄마도
내가 학교에 갈 때
'차 조심해라' 하신다.
아버지는 할머니에게
나는 엄마에게
항상 어린이.

옛날이야기

해가 서산으로 넘어가면
외양간 지붕 위로
둥근 달이 오르고
섬돌 밑 귀뚜라미
'귀뚤귀뚤' 가을을 노래한다
툇마루에 할머니 무릎베개하고
옛날이야기 들어요
'옛날 아주 먼 옛날에……'
혹부리 영감이 살았는데…….
지붕 위 둥근 달도
섬돌 밑 귀뚜라미도
할머니 무릎 곁으로 다가와
두 귀 쫑긋
옛날이야기 속으로
함께 여행을 떠나요.

제비 가족

봄이 왔어요
산 넘고 강 건너
성황당 고갯길로
논 둑 길을 건너
강남 갔던 제비 부부가
아들 딸 손잡고
'지지 배배' 인사하며
처마 밑 옛 둥지로
돌아왔어요.

다 알아요

거울은 내 마음을
다 알아요
오늘 선생님께
칭찬을 받았는지
엄마에게 꾸중을 들었는지
동생과 왜 싸웠는지
거울 앞에 서면,
거울은 내 마음을
다 알아요.

눈도장

밤사이 눈이 왔어요
지붕 위에도 장독대에도
앞마당에
발자국 도장을 찍어요
빨간 운동화 신고
파란 운동화 신고
꼭꼭 찍어도
눈 도화지 위에는
하얀 도장만 찍혀요.

아침 나팔

담장 위로 올라가는
분홍색 나팔꽃
해바라기 어깨 위로 올라가는
자주색 나팔꽃
아침 해 뜨면
'뚜뚜 따따' '따따 뚜뚜'
먼저 나팔 불려고
높이 더 높이
올라가고 있어요..

닮으려고

하나님 사랑
닮으려고
하늘을 바라봅니다

꽃 같은 예쁜 마음
닮으려고
꽃들을 바라봅니다

새 같은 고운 목소리
닮으려고
새들의 노래를 들어봅니다.

참! 좋겠다

물방울
한 방울이 '똑똑' 떨어져
실개천 이루고

실개천은
이 골, 저 골 서로 만나
내를 이루고

냇물은
동쪽, 서쪽 서로 만나
강을 이루고

강물은
압록강 물, 한강 물 서로 만나서
서해 바다에서 하나가 된다

이렇듯

북쪽 큰 할아버지 가족

남쪽 작은 할아버지 가족

서로 만나 손잡고

오순도순 함께 웃으며

물처럼 함께 살아가면

참! 좋겠다.

땅 따먹기

높은 돌담장 벽에서
땅 따먹기를 한다.
이쪽에 저쪽에 자리를 잡고
서로 넓은 땅을 차지하려고
땡볕도 개의치 않고
담쟁이 잎들이 하나가 되어
손에 손 꼭 잡고
'영차' '영차'
땅 차지를 위해
열심히 뻗어간다.

파란 여름 빨간 여름

'맴' '맴' '매-ㅁ'
외할머니 댁
대청마루에 누워 있으면
툇문 밖
복숭아나무 위에서 들려오는
매미들의 합창소리
시원한 바람과
파란 여름이 밀려온다

'팔랑' '팔랑' '나풀나풀'
외할머니 손
나비 부채에서
불어오는 바람
산바람 강바람보다
훨씬 시원하다
외할머니 손에서
빨간 여름이 달아난다.

세계 대통령 귀하

세계 대통령님께!
부탁드려요
전쟁은 싫어요!
서로 죽이고 죽잖아요!
부모님을 잃는 것은
너무 무서워요
형제들과 헤어지는 것도
너무 슬퍼요
대통령님도!
부모와 자식 잃는 것

무섭잖아요!
형제들과 헤어지는 것도
슬프잖아요!
그러니!
서로 양보하고 도우며
평화롭게 살아가면
기쁘잖아요!
전쟁은 정말 싫어요!
세계 대통령님들!
전쟁하지 마세요.

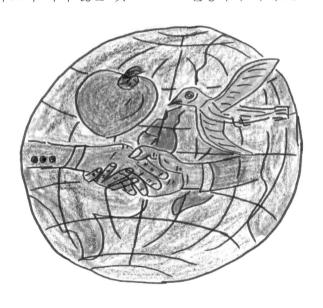

다리미

어머니께서
옷들을 다림질 하신다
주름자국들이 편편히
새 옷이 되었다

나도 어머니께
말 안 들어 주름진 마음
효자 다리미 되어서
판판히
펴 드려야겠다.

봄꿈

'쌔근쌔근' 잠을 잔다
고운 나뭇잎 이불 덮고
하얀 눈 이불 덮고
까만 눈 꼭 감고
빨강 파랑 연분홍 빛
무지개 색 영롱한
봄날의 꿈을 꾸며
작은 꽃씨가 잠을 잔다.

봄바람 겨울바람

'솔솔' 봄바람
따듯한 해살을 싣고
우리 마을 찾아서
남쪽에서 불어오면
'쌩쌩' 겨울바람은
골짝의 흰 눈과 찬바람
냇가의 꽁꽁 얼음을 몰고
북쪽으로 도망가요.

할아버지 말씀

할아버지 말씀에
어릴 적 시간은
너무 더뎌서
'쭉'
밀어주고 싶고
아버지 엄마 시간은
너무 짧아서
고무줄처럼, 늘려주고 싶고
할아버지 할머니 시간은
너무 빨라서
꼭,
붙잡아 두고 싶대요.

숨바꼭질

해님 달님
숨바꼭질해요
해님이
동쪽 산 위로 나오면
달님은
서쪽 산으로 숨고
달님이
동쪽 산 위로 나오면
해님도
서쪽 산으로 숨고
동쪽 산 위로 서쪽 산으로
하늘의 별들이
'반짝반짝' 웃어요.

엄마 이름은?

할아버지는 엄마를 부를 때
'어멈아'
할머니는 엄마를 부를 때
'애미야'
아빠는
'여보'
옆집 아주머니는
'춘천 댁"
주민등록증 이름은
'김 옥 순'
진짜,
엄마 이름은……?

보배동산

우리 마을 동산엔
박새 딱새 노랑 턱 멧새들
노래 소리 사철 가득하고
진달래 패랭이꽃 산수유
온갖 꽃들 철따라 피어
벌 나비 즐겁게 날아들고
숲은 바람과 어깨춤 덩실……
늘 푸른 숲의 동산은
우리 마을 보배동산.

용사

역사의 흔적 아차산성
제1보루 제2보루
'씩씩' 땀 흘려 오르면
귓가에 함성
나는 성을 지키는 파수병
우렁찬 장군의 공격명령
적진을 향해 달려 나가는
고구려의 용사가 된다.

생각합니다

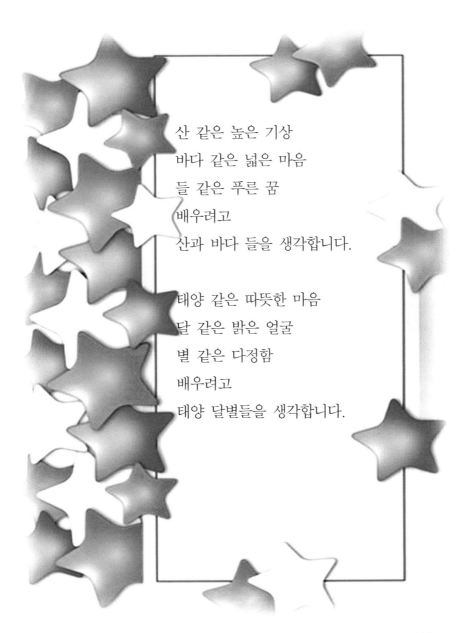

산 같은 높은 기상
바다 같은 넓은 마음
들 같은 푸른 꿈
배우려고
산과 바다 들을 생각합니다.

태양 같은 따뜻한 마음
달 같은 밝은 얼굴
별 같은 다정함
배우려고
태양 달별들을 생각합니다.

보릿고개

보릿고개
그 시절엔!
엄마 아빠는
아침밥을 늘 남기셨지!
점심때는
남기신 밥, 밥솥에 넣고 물 넉넉히 붓고
'휘휘' 둘러 끓여서
나에겐 밥을 건져 주시고
엄마 아빠는 끓인 밥물 한 대접
'훌훌' 마시고는
'아 – 배부르다' 하셨다
보릿고개, 그 시절엔!

그 여름은

태양이 화살처럼
쏟아지는 여름 한낮
마당 섶 오이 밭에서
오이 한 개 따가지고
마을 앞 냇가를 향해
팬티 셔츠 벗어들고
벌거숭이로 내 달린다
냇물에 오이를 던져놓고
'첨벙첨벙' 앞 다투어 뛰어들어
먼저 잡는 친구의 차지다.
그 시절 여름은 그 냇가에서
그렇게 더위를 쫓으며 지냈다.
영내, 재성이, 수남이, 현구들이랑
그때 그 시절,
그 여름은!

통나무 마차

'덜컹덜컹' '삐걱삐걱'
삼촌이 만들어준 통나무 마차
동네 언덕길도 골목길도 잘도 달린다.
즐거워서 '하하, 호호' 신이 났다.
논두렁길 달리다 개골창에 처박히고
골목길을 돌다 담장 벽에 부딪치고
'엉엉' 울기도 하지만
그래도
삼촌이 끌어주는 통나무 마차 타기는
참으로 즐거웠다.

알 수 있어요

내가 잠자는 사이
바다가 밀물되어
살짜기 왔다 간 것
알 수 있어요
아침 모래밭에
너울너울 찍혀 있는
긴 바다 발자국들

내가 잠자는 사이얘
바다가 썰물되어
살짜기 놀다 간 것
알 수 있어요
갈매기 나눈
자갈 틈 사이에
남겨진 게와 조개들.

부모님 사랑은

부모님 사랑은
마르지 않는 샘물
언제나
우리에게
콸콸 넘치게
부어 주어요

부모님 사랑은
영원히 따듯한 햇살
언제나
우리 맘과 몸을
따뜻하게
감싸 주어요

.

꽃 잔치

섬진강변 봄 동산에
매화꽃이 피었어요
가지마다 소복이
꽃눈이 내렸어요
산등마다 골짝마다
꽃 잔치가 열렸어요
벌 나비 짝을 지어
꽃 찾아 날아들고
형형색색 손에 손잡고
봄나들이 즐거워요.

섬진강 물길 따라
수유가 피었어요
길 따라 마을길로
꽃길이 열렸어요
동네마다 집집마다
웃음꽃이 피어나요
아이들도 어른들도
'하하 호호'
높은 담장 넘어
하늘로 울려 퍼져요.

범내골 동산

범냇골 동산   범냇골 동산
아버지가   아버지가
고향 생각에   남북통일 세계평화 위해
매일 오르내리시던 곳   바위 붙들고 풀포기 잡고
부모 형제 그리워서   통곡으로 기도하실 때
북쪽 하늘 바라보시며   새들도 나무도 풀꽃들도
눈물로 간절히 기도하셨네. 한 마음 되어 기도 드렸네.

봄바람

봄바람은 추운가 보다
들길에 나물 캐는
누나의 가슴으로 파고들고

학교 가는 길
내 가슴으로 파고들고

이웃집 놀러 가시는
할머니 가슴으로 파고들고

추운 겨울
산 넘고 물 건너오느라
손발이 꽁꽁 얼었나 보다
따뜻한 가슴으로
자꾸자꾸 파고드는 것이.

강낭콩 형제

파란 콩 문 열면
파란 눈 아기 형제들
작은 눈 초롱초롱
내 손 안으로
'톡 톡 톡'
뛰어 내려요

노란 콩 문 열면
색동 옷 아기 형제들
까만 눈 반짝반짝
할머니 손 안으로
'톡 톡 톡'
뛰어내려요.

똑 같아요

따가운 햇살 아래
밭에서 쉼 없이 일하시는
까맣게 그을린
아버지 얼굴

따가운 햇살 아래
길섶에서 줄지어 일하는
까맣게 그을린
개미 얼굴

아버지의 까만 얼굴
개미의 까만 얼굴
똑 같아요.

잠자리와 나비

공원 연못 잠자리 한 쌍
날개 펴고 '파닥파닥'
바람아 힘차게 불어다오
내 짝꿍 손잡고
푸른 하늘 높이높이
날아다니고 싶다

공원 꽃밭 나비 한 쌍
날개 펴고 '너울너울'
바람아 힘차게 불어다오
내 짝꿍 손잡고
꽃 찾아 꿀 찾아
멀리멀리 날고 싶다.

풀잎 물레방아

졸졸졸 흐르는
옹달샘 실개천에
풀잎 줄기 꺾어
별모양 날개 달아
조약돌 받쳐놓으면
물결 따라 뱅글뱅글
돌아가는 물레방아
'쿵덕 쿵' '쿵덕 쿵'
보리방아 떡 방아
잘도 찧는다.

손바닥

숙제 안 해온 사람
"나와, 손바닥 올려요"
'딱 딱 딱'
앗! 찌릿, 온몸이 오그라든다
끊어질 듯 아픈 손바닥
눈물이 찔끔 솟는다
순간, 선생님이 밉다
그런데, 돌아서신 선생님도
눈시울이 붉어지셨다
선생님은 마음이 아프신가 보다!
꼭, 부모 같은 모습에
나 자신이 부끄럽고 죄송스럽다.

말 타기 놀이

뒷동산 밤나무가지 위에서
'흔들흔들'
재미있는 말 타기 놀이
마부의 허리를 꼭 잡아라
저 벌판을 향해 달린다
'출렁출렁'
높이 더 높이 하늘로 올라라
우리 집 지붕이 보인다

아파트 놀이터 모퉁이
'가위 바위 보'
신나는 말 타기 놀이
내가 마부다, 머리를 콕 박고
앞 사람의 허리를 꼭 잡아라
'하나 둘 셋'
말 주인 말 등에 오르신다
해는 아파트 지붕으로 기운다

대자연 친구

'한 아름'
가슴을 열어 하늘을 마셔 보자
'출렁출렁'
푸른 바다를 헤엄쳐 보자
'헉헉'
넓은 들판을 힘차게 달려 보자
'졸졸졸'
시냇물 따라 여행을 가보자
'둥실둥실'
꽃구름도 머리 위로 따라오고
'쪼로롱 쪼로롱'
새들도 즐겁게 노래 불러주고
'어깨동무'
대자연들도 우리의 친구가 된